SALMOS
DE
CRIANÇA

Flávio Cavalca de Castro

SALMOS DE CRIANÇA

Ilustrações de Mara Salgado

EDITORA

SANTUÁRIO

**Dados Internacionais de Catalogação
na publicação (CIP)
(Câmara Brasileira do Livro, SP, Brasil)**

Castro, Flávio Cavalca de, 1933
    Salmos de criança / Flávio Cavalca de Castro;
ilustrações Mara Salgado. – Aparecida, SP: Editora
Santuário, 1989.

    ISBN 85-7200-461-0

    1. Bíblia A. T. Salmos – Poesia 2. Poesias in-
fantis brasileiras I. Salgado, Mara. II. Título.

89.1541   CDD-869.9105

Índices para cátalogo sistemático:

    1. Salmos: Poesia infantil: Literatura brasileira
                        869.9105

Autorizo a publicação
† Geraldo M. M. Penido – Arcebispo

37ª impressão

Todos os direitos reservados à **EDITORA SANTUÁRIO** — 2021

Rua Pe. Claro Monteiro, 342 – 12570-000 – Aparecida-SP
Tel.: 12 3104-2000 – Televendas: 0800 - 0 16 00 04
www.editorasantuario.com.br
vendas@editorasantuario.com.br

Este livro pertence a:

A Bíblia é a biblioteca do povo de Deus. Ali, entre outros livros, está o Livro dos Salmos. É um livro todo de poesias, de canções e de poemas que o povo cantava, falando com Deus, pensando na vida, no passado e no futuro.

Salmo é poesia, é canção, é poema para a gente saber de cor. Para cantar quando a gente se reúne, para cantarolar, ou só pensar, quando a gente está sozinha.

Escolhi alguns Salmos para você. Olhe que foi difícil escolher alguns quando todos são bonitos.

Isto aqui não é uma tradução. É só gente sabida que pode traduzir a palavra de Deus. Eu apenas tentei pensar de novo alguns Salmos com você. Do jeito, eu penso, que você pensaria falando de Deus. Procurei ser fiel à ideia de cada Salmo, sem querer aproveitar todas as ideias que ali estão.

8

Espero que você comece logo a ler os Salmos como estão na Bíblia. Este livrinho é só para você sentir o gosto e querer mais. Por isso, no fim de cada salmo vou indicar o número de um Salmo da Bíblia.

Deus ajude você.

Flávio

Os Salmos são para a gente recitar nos diversos momentos da vida. Alguns servem só para certas horas, outros podem servir para a gente dizer o que pensa e sente em muitas ocasiões.

Aqui estão algumas sugestões apenas. Outras você irá descobrindo aos poucos e anotando nas linhas pontilhadas.

PENSANDO NA VIDA:
1-5-6-15-19-26-36-37-38-40

OLHANDO O MUNDO:
2-13-21-22-23-28-33-36-39

COMEÇANDO O DIA:
2-6-9-11-15-30-34-37-38-40

ACABANDO O DIA:
3-9-10-16-18-20-35

PEDINDO AJUDA:
4-7-12-24-31-40

VOLTANDO A DEUS:
8-10-13-18-24-35

CONFIANDO EM DEUS:
9-12-15-16-25-27-28-29-36

LOUVANDO O SENHOR:
14-17-21-22-32-41

PRECISANDO DE ALEGRIA:
24-31-42

CANTANDO A ALEGRIA:
25-30-32-37-41

....

....

....

....

....

....

....

1. MEU CAMINHO

Senhor, meu Deus,
feliz quem não segue
as ideias dos malvados
nem se entrega cegamente
aos caminhos dos pecados.

Feliz é só quem segue
o caminho que você
nos deixou na sua Lei.

Será sempre como árvore,
bem regada, verde e cheia
só de flores e fruta boa.

Eu, Senhor, não quero ser
folha seca como os maus:
os coitados sofrem tanto
e não sabem dar
a ninguém felicidade.

– Veja na Bíblia o Salmo 1.

2. MINHA DESCOBERTA

Meu Deus,
   como você é grande,
muito maior que a terra,
muito maior que os céus.
Posso imaginar sua grandeza
quando fico olhando, à noite,
   estrelas e lua que brilham
   no céu.
São lindas, e foram criadas
pelo poder de suas mãos.

Posso imaginar sua grandeza
vendo os homens e mulheres.
Eles sabem tantas coisas,
    eles fazem, eles criam,
    eles inventam,
    eles sabem até amar.
E tudo isso
foi com você que aprenderam.
    Senhor meu Deus,
    como você é grande.
    Como é bom você,
      Senhor meu Deus.

– Veja na Bíblia o Salmo 8.

3. MEU COMPANHEIRO

Em você, meu Deus,
eu tenho proteção,
mesmo quando me dizem
"fuja logo, passarinho".

Vejo tantos
    que me querem fazer mal:
eles são fortes,
    são espertos, traiçoeiros.
Mas você, meu Deus,
    é mais forte e me ama.
    E só isso basta,
já não tenho medo algum.

Se eu procurar sempre
    fazer o bem,
sempre estarei
    em sua companhia!

– Veja na Bíblia o Salmo 11.

4. MEU AMIGO

Meu Deus,
 de vez em quando eu penso
que até você
 se esquece de mim.
Quando tudo parece
 triste e difícil,
tenho vontade
 de agarrar sua mão dizendo:
Senhor, olhe aqui, acuda logo!

Mas eu sei que você é bom
e nunca vai
 se esquecer de mim,
porque você me ama muito,
muito mais do que eu penso.

– Veja na Bíblia o Salmo 13.

5. MINHA CASA

Senhor, quem é que vai morar
com você, em sua casa?

Quem anda sempre certo,
fazendo o bem que deve,
dizendo sempre a verdade,
sem nunca falar demais.

Senhor, eu não quero
fazer ninguém sofrer.
Não quero desprezar
nem ofender ninguém.

Vou amar a todo o mundo,
ajudando quem precisa,
sem pensar somente em mim.

Senhor, eu quero
morar em sua casa,
para sempre com você.

– Veja na Bíblia o Salmo 15.

6. MEU TESOURO

Meu Deus, você é meu bem.
Nada é mais importante
    que você,
só você
    pode encher meu coração.

Eu não vou adorar as coisas,
que tanta gente
    enganada procura.

Você é tudo que eu quero,
é a minha alegria,
    é a minha riqueza:
por isso vivo sorrindo.

Você me guarda sempre
    e eu posso
ser feliz
    por toda a minha vida.

– Veja na Bíblia o Salmo 16.

7. MEU MEDO

Senhor, escute,
  estou gritando,
pedindo socorro,
  porque preciso:
estou com medo.

Você sabe,
  eu procuro fazer o certo.
Mas é pequena minha força
e há gente querendo me levar
  por caminhos
    que você não quer.

Eu preciso que você me guarde,
como se fosse
   a menina dos seu olhos,
como a coisa
   mais importante para você,
   que você guarda
      bem apertada ao coração!

– Veja na Bíblia o Salmo 17.

21

8. MINHA ILUSÃO

Senhor,
    os céus estão gritando,
anunciam que você é grande.
    Não é possível
        que alguém não saiba
    seu poder imenso
        e seu amor de pai.

Mas, Senhor,
　o seu poder, sua bondade
aparecem mais ainda
quando você
　mostra o caminho
do bem, da alegria e da paz.

Mesmo assim eu deixei você,
quantas vezes eu nem sei,
e fui atrás de fantasias
que me deixam
　o coração vazio.

　Espero que você perdoe,
　pois você é meu amigo.

– Veja na Bíblia o Salmo 19.

23

9. MEU PASTOR AMIGO

Meu Deus,
    você é meu pastor
e eu sou ovelhinha que você
nunca deixa abandonada.
    Você me leva
    para a fonte de água pura,
    para os campos
    onde a relva é sempre verde.
    Não tenho medo,
    mesmo quando a noite vem,
    porque sei
    que você está comigo.

Meu Deus, você é o amigo,
que me chama
    para a festa em sua casa.
Você me abraça
    e me beija quando chego,
    diz que está alegre
    só porque cheguei.
E eu nem sei
    o que dizer, nessa alegria:
    fico olhando, somente olhando,
    sem vontade
        de ir embora nunca mais...

– Veja na Bíblia o Salmo 23.

25

10. MEU AMOR E O SEU

Senhor meu Deus,
   para você eu corro.
Tenho certeza de
   que em você posso confiar.

Mostre a mim
   os seus caminhos,
os caminhos
   da verdade e da vida.
Ensine como posso ser feliz
estando sempre com você,
   o meu amigo.

Ó meu Deus,
   sua bondade é grande:
então perdoe, por favor,
   o mal que fiz.
Esqueça tudo
   e lembre apenas
que seu amor
   é mais que o meu.

– Veja na Bíblia o Salmo 25.

11. MEU VOCÊ

Senhor, você é minha luz,
você me guarda e salva
    de quem, de que terei medo?

Faça apenas, Senhor,
que eu esteja sempre
com você, em sua casa.
    Faça que eu saiba gostar
    de sua amizade.
Que eu saiba alegre cantar
a alegria de estar sempre
    olhando para você
    que olha para mim.

Você me ama tanto,
    muito mais do que papai,
    muito mais do que mamãe:
então não deixe que um dia
eu vá embora de você.

– Veja na Bíblia o Salmo 27.

12. MEUS ERROS

Senhor,
    de vez em quando eu erro
  e faço de conta que não errei.
Não quero que os outros saibam
e até de você eu tento esconder.
    Mas aquilo fica magoando,
    remexendo no coração.
Pois agora quero dizer-lhe
que é pouca minha força
e o mal me leva às vezes
    a pensar em mim somente.
Reconheço meu pecado e preciso
    que você me dê perdão,
    que você me ajude muito.
Senhor, eu me alegro porque você
me quer bem e me perdoa.

– Veja na Bíblia o Salmo 32.

29

13. MEU ABRIGO

Eu tinha um medo grande
   quando vinha a tempestade,
  com a ventania solta
zumbindo, girando, zoando.
  Eu tremia
com os raios estalando,
  quando ouvia
   o estrondo dos trovões.

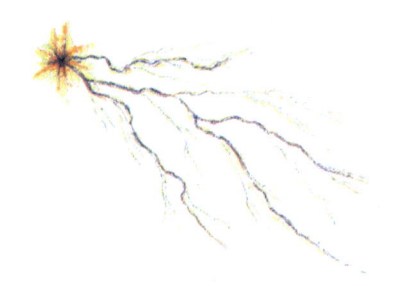

Até que um dia
  comecei, Senhor,
   a ver que a tempestade,
  raios, ventos e trovões
  estão dizendo que você
é mais forte e poderoso
do que eu posso imaginar.

Agora não tenho medo
  e fico olhando,
cantando com a chuva e os trovões:
Você, meu Deus, é grande e forte,
estou contente em suas mãos.

– Veja na Bíblia o Salmo 29.

14. MEU LOUVOR

Vamos todos
    cantar alegres ao Senhor,
é o melhor que podemos fazer.
Gritem, louvem, aplaudam todos
ao som de instrumentos em festa:
    será um canto novo
        que vamos cantar!

Senhor, sua palavra é verdadeira,
    é bem feito
        tudo o que você faz.
    Você gosta do que é certo,
        seu amor está por toda parte.
Foi você quem fez os céus
com o sorriso das estrelas:
    fez o mar que é tão grande
    e tão pequeno em suas mãos.
Você manda e tudo existe!

Nós pensamos tantas coisas,
planejamos, discutimos,
mas, no fim,
  é seu amor que vai fazendo
o que é melhor pra todos nós.

– Veja na Bíblia o Salmo 33.

15. MINHA SEDE

Na mata os animais
   procuram água limpa
      que corra cantando.
É assim meu Deus que eu
   tenho sede de você.
Alegre ou triste
eu procuro o Senhor,
   mesmo quando parece
   que você me esqueceu.
Corro e me atiro em seus braços,
   tenho certeza:
      você vai me segurar.

– Veja na Bíblia o Salmo 42.

16. MINHA CERTEZA

Senhor meu Deus,
você me protege.
É você que me dá coragem,
sempre ao meu lado
em todo o perigo.

Eu tenho confiança em você,
porque vejo que sempre
você protege os fracos.
Muitas vezes você quebrou
as armas dos fortes armados.

Com sua ajuda vamos fazer
o mundo novo da paz,
da justiça e da verdade.
Você é nossa força,
o Deus que nos protege.

– Veja na Bíblia o Salmo 46.

17. MINHA FESTA

Eu quero chamar
os povos todos do mundo
   para a grande festa alegre.

Eu quero, Senhor,
   que todos cantem
porque você é bom e quer
reunir toda a gente no amor.

Nós fazemos
    uma festa para você,
nós cantamos batendo palmas:
    você é o maior de todos,
    o mais poderoso e forte,
    e o seu amor, então,
    é o maior do mundo.
Nós fazemos
    uma festa para você,
nós cantamos batendo palmas,
    porque somos felizes,
    sendo amados por você!

– Veja na Bíblia o Salmo 47.

18. MINHA VOLTA

Bom Deus, tenha dó de mim,
apague o meu pecado:
reconheço que falhei
na amizade que lhe devo.

Você é só justiça, só bondade.
Mas, em mim, sem você
nada existe que seja bom.
  Faça, então,
    que eu procure sempre
  a verdade como você quer;
  que o meu coração seja limpo,
  transparente como o céu.

Cada vez que a você eu volto
encontro novamente a alegria
do perdão que me faz feliz.
  Estenda a sua mão forte
  E eu também serei forte
    pra caminhar e fazer
  a felicidade de todos.

– Veja na Bíblia o Salmo 51.

19. MEU DÓ

Há gente que não acredita,
ou pensa e diz que não crê
em você, meu Deus e Senhor.

Eles, coitados, não sabem
que fazer desta vida.
Por isso procuram tanta coisa,
querem mandar a todo custo
e vivem explorando as pessoas.

Tenho dó dessa gente e acho
que você
tem até mais dó que eu.

– Veja na Bíblia o Salmo 53.

39

20. MEU CÉU

Deus, você é meu Deus,
vivo procurando por você,
com fome, com sede,
como terra seca esperando
pela chuva que não vem.

Amar você é mais que viver:
por isso quero
que minha vida seja
um canto de louvor pra você.
Essa será a minha alegria
e o meu céu aqui na terra.

Antes que o sono logo chegue,
ao menos um pouquinho
    em você eu penso
    que me protege e guarda.
Encosto a cabeça no seu peito
e adormeço nos seus braços.

– Veja na Bíblia o Salmo 63.

21. MEU BENDITO

Bendito seja você, meu Deus,
que fez as belas montanhas
e a dança das ondas do mar.
Fez a manhã que nasce linda
e a tarde mansa que desce.

Meu Deus, bendito seja você
que espalha a vida na terra
e nos dá todo o bem necessário
para a nossa fome do corpo.

Bendito seja você, meu Deus,
pela chuva que molha a terra
 e a semente
  que a gente plantou.
É você que prepara
 a colheita na roça
  e das flores
   faz a fruta nascer.

Meu Deus, bendito seja você
que espalha a vida na terra!

– Veja na Bíblia o Salmo 65.

22. MEU LIBERTADOR

Senhor,
   que a terra toda cante alegre
   e anuncie
   o quanto você é grande,
   forte e poderoso.
Diante de você, o mal
   nada pode
   por mais forte que pareça.

   Foi você que,
   para libertar o povo,
   fez abrir o mar Vermelho
   e o Rio Jordão.
É você quem nos liberta
   com o mesmo poder
   de antigamente.

Quero agora
   cantar a sua glória
e dizer para todos
   que você é bom,
   forte e poderoso.
Com você
   eu posso fazer do mundo
uma casa de irmãos em paz

– Veja na Bíblia o Salmo 66.

45

23. MEU POVO

Senhor, olhe para nós
 e nos dê sua benção,
faça brilhar para nós
 a luz do seu rosto.
Que todos possam saber
 que você
 vai nos levando
 para o bem.

Que os povos todos louvem você
agradecendo os bens recebidos.

Que os povos todos
se alegrem e cantem,
pois você governa
o mundo na justiça.
Você é justo juiz
dos povos da terra,
você dirige
o caminho das nações.

Que os povos todos louvem você
agradecendo os bens recebidos.

Sua bênção, meu Deus,
está sobre nós
e a terra plantada
seus frutos nos deu.
Dê-nos sempre sua bênção,
e todos verão
como é grande o seu amor.

– Veja na Bíblia o Salmo 67.

24. MINHA TRISTEZA

Preste atenção, Senhor,
  responda!
Estou triste e sem coragem.
Eu e você somos amigos,
venha logo me ajudar.

Você é meu Deus,
  tenha dó de mim,
eu o estou procurando
  o tempo todo.
Traga de volta
  a alegria que perdi,
estou olhando,
  olhando para você.

Eu sei que você é mais que bom
   e gosta muito de perdoar.
Escute agora minha oração,
veja bem o que estou dizendo.

Os outros também são fracos
e às vezes me fazem sofrer.
Nem sempre eles sabem
   me dizer palavras
      que me possam consolar.

Desde já, Senhor, agradeço;
   tenho certeza de
      que você me escutou.

– Veja na Bíblia o Salmo 86.

25. MINHA GRATIDÃO

Agora e sempre, Senhor,
  eu vou cantar
dizendo ao mundo
  que você é meu amigo:
sua promessa
  é a coisa mais segura.

Você não falha,
  mesmo quando falham todos,
que diziam me amar e prometiam
mil promessas que não cumprem.

Você me ama
   e quem ama não engana;
pode tudo,
   só não pode não cumprir
a palavra de amor
   que prometeu.

Do seu poder, Senhor,
   eu não posso duvidar
vendo o mundo
   que você criou pra mim,
mundo grande,
   cheio todo de belezas.

Vendo tudo que você
   já fez por mim,
o carinho que você
   sempre me deu,
não tem jeito:
   eu só posso amar você!

– Veja na Bíblia o Salmo 89.

26. MINHA VIDA

Antes
    do nascimento das montanhas,
    antes
     de a terra
     e os astros existirem,
    você, meu Deus,
    já era Deus.

Mil anos são um dia para você,
    como ontem
    que já passou.

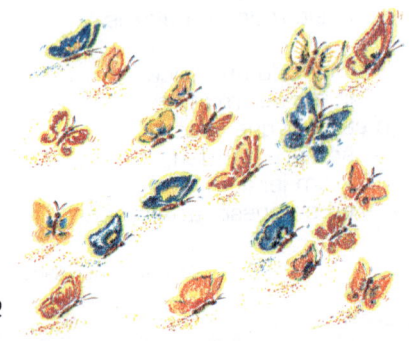

Comparados com você
nós somos pouco:
um grão de areia,
um sonho que passa,
uma flor que nasce
linda na manhã,
mas, de tarde,
coitadinha já secou.

Estou diante de você e não sei
como vai ser a minha vida.
Eu só peço que seja
vida certa.

– Veja na Bíblia o Salmo 90.

27. MINHA AJUDA

Senhor,
    o seu poder é sem medida.
No passado
    você fez coisas incríveis
e ainda agora
    o seu poder não é menor.
Os seu planos
    e projetos são perfeitos:
e por isso
    não podemos compreender
o seu jeito
    de ir levando a nossa vida.
Quando os maus
    imaginam que venceram
e pensam
    que ganharam o que queriam,
acabam vendo
    que você é que venceu.

É você
    que me guarda e me dá força.
Vou dizer para todos
    que você é minha ajuda,
é meu Deus
    em quem posso confiar.

– Veja na Bíblia o Salmo 92.

28. MINHA TRANQUILIDADE

Senhor, parece
  que o mundo vai acabar
quando estronda a tempestade:
  no rio
    as águas barrentas sobem,
  no mar
    as ondas estouram na praia.
Mas, depois, a calma volta
porque você
  fez o mundo mais forte
do que as enchentes
  e a trovoada.

Foi você também
   que marcou a estrada
do bem que nos dá a felicidade,
   mesmo quando
      parece que existem
      estradas mais fáceis na terra.
Eu prefiro ficar com você
   que é mais forte e sabe
   como eu posso ser feliz.

– Veja na Bíblia o Salmo 93.

29. MEU PAI

Meu Deus, para os antigos
seu nome era Elion
– o Deus Altíssimo –
    ou El Chadai
– o Deus das altas montanhas.

Para mim,
    você é quem me protege,
o Pai que me abraça com amor.

No abraço de seus braços,
    não tenho medo de nada,
    nem na terra nem no céu.
Sempre que eu chamo você,
eu já tenho companheiro.

– Veja na Bíblia o Salmo 91.

30. MINHA CANÇÃO

Senhor, eu gostaria de fazer
  para você
      uma canção.
  Gostaria de cantar, dizendo
    para todos
  que você é bom.

Você cuida de todos,
quer fazer o nosso bem,
    até de quem não o conhece.
Quanta coisa você fez,
quanta coisa você faz,
    só por causa do amor.
Se você nos ama tanto,
então nós não temos medo:
    tudo está nas suas mãos.

Céu, terra, mar, cantem comigo.
Vou cantar alegremente:
Deus é grande e Deus nos ama!

– Veja na Bíblia o Salmo 96.

31. MINHA QUEIXA

Hoje eu estou muito triste
e venho conversar com você.
Meus Deus, olhe pra mim,
tenha paciência, escute
e depois me responda.

Meu dia está cheio de nuvens
e não vejo o brilho do sol.
Eu me sinto como se fosse
uma flor que está secando,
como se fosse um passarinho
que se perdeu e passa frio.

Mas você, meu Deus, é o sol
que brilha por cima das nuvens,
   é o ninho para eu repousar,
   é a chuva que me faz renascer.
Ainda que todos me deixem,
sempre comigo terei você.

– Veja na Bíblia o Salmo 102,1-13.

32. MEU BEM

De todo o coração quero dizer
que você, meu Deus,
    é grande e bom.
Eu gostaria de poder lembrar
tudo de bom que você
    já fez por mim.

Tantas vezes você me perdoou
    e me livrou
    dos perigos da morte.
Sua ternura me envolve e faz
ser uma festa
    cada dia da minha vida.

Vejo o céu: como é imenso;
e este mundo
    como é grande, ó meu Deus.
Pois eu sei
    que é maior sua bondade,
muito maior
    sua vontade de perdoar.

Quando vejo meu tamanho
  tão pequeno,
e sinto que é tão fraca
  minha força,
sorrio contente porque sei
que o seu amor é um grande
  amor de pai.

Você, meu Deus, é meu pai.
Gosto mais
  de pensar assim de você
do que dizer que é o Deus
  poderoso do céu,
cercado de luz
  e de anjos guerreiros.

Meu Deus, eu quero bem a você.

– Veja na Bíblia o Salmo 103.

33. MEU CIRCO

Olhando este mundo tão lindo,
meu Deus, quero cantar dizendo
que você é grande,
forte e poderoso,
mais brilhante
que a luz mais clara.

Foi você quem esticou
   o azul do céu
como se fosse
   a lona azul para um circo.
Lona cheia de estrelas
   piscando de noite,
estourando de luz quando é dia,
estalando ao vento
   ou cantando
quando sopra a brisa da tarde.

Foi você
quem lançou a terra no espaço,
feito bolha
   de esperanças e sonhos.
Terra cheia de mares
   e altas montanhas,
de planuras cortadas por rios.
Terra boa, coberta de verde.
Terra boa, coberta de água.
Terra boa, coberta de areia.
Terra boa, fervendo de vida.
Terra boa que é de nós todos.

E tudo é seu, meu Deus,
   e tudo existe
porque é mantido por você,
sustentado por seu amor.

– Veja na Bíblia o Salmo 104.

34. MEUS PASSOS

Caminhando eu vou
pela estrada da vida,
sempre olhando à procura
de quem me proteja.

É você, meu Deus,
   quem guarda os meus passos
   e não deixa que eu me desvie.
É você, meu Deus,
   sol que ilumina meu dia,
      minha sombra
      sempre comigo.
É você, meu Deus,
   sempre ao meu lado,
   passo a passo até a chegada.

– Veja na Bíblia o Salmo 121.

35. MINHA NOITE

Do fundo abismo
    de minhas quedas,
eu grito
    por você, meu Deus. Escute!
Preste atenção ao meu pedido,
é só isso que desejo.

Não leve em conta
    as minhas falhas
ou, então, que será de mim?
Eu confio totalmente em você,
que só quer me perdoar.

Eu preciso,
    eu lhe peço salvação.
Ansiosamente
    eu espero por você
como quem espera o sol nascer,
que leva a noite de vez.

– Veja na Bíblia o Salmo 130.

36. MEU DESEJO

Não vivo querendo mil coisas
nem olhando os outros de cima.
Não me faço de importante
nem pretendo
ser mais do que sou.

Eu me entrego
nas mãos do Senhor,
durmo em paz
nos seus braços de pai.
Sou criança e você me carrega
bem juntinho do seu coração.

– Veja na Bíblia o Salmo 131.